9·07

WEEKLY WR READER
EARLY LEARNING LIBRARY

Let's Read About Dinosaurs/Conozcamos a los dinosaurios

Tyrannosaurus Rex/
Tiranosaurio Rex

by/por Joanne Mattern

Illustrations by/Ilustraciones de Jeffrey Magniat

Reading consultant/Consultora de lectura: Susan Nations, M.Ed., author, literacy coach, consultant in literacy development/ autora, tutora de alfabetización, consultora de desarrollo de la lectura

Science consultant/Consultor de ciencas: Philip J. Currie, Ph.D., Professor and Canada Research Chair of Dinosaur Palaeobiology at the University of Alberta, Canada/Profesor y Cátedra *Canada Research* de paleobiología de dinosaurios, Universidad de Alberta, Canadá

Please visit our web site at: www.garethstevens.com
For a free color catalog describing Weekly Reader® Early Learning Library's
list of high-quality books, call 1-877-445-5824 (USA) or 1-800-387-3178 (Canada).
Weekly Reader® Early Learning Library's fax: (414) 336-0164.

Library of Congress Cataloging-in-Publication Data

Mattern, Joanne, 1963-
  [Tyrannosaurus rex. Spanish & English]
  Tyrannosaurus rex = Tiranosaurio rex / by Joanne Mattern.
    p. cm. — (Let's read about dinosaurs = Conozcamos a los dinosaurios)
  Includes bibliographical references and index.
  ISBN-13: 978-0-8368-8022-9 (lib. bdg.)
  ISBN-13: 978-0-8368-8029-8 (softcover)
  1. Tyrannosaurus rex—Juvenile literature. I. Title. II. Title: Tiranosaurio rex.
  QE862.S3M3322618   2007
  567.912'9—dc22   2006037431

This edition first published in 2007 by
Weekly Reader® Early Learning Library
A Member of the WRC Media Family of Companies
330 West Olive Street, Suite 100
Milwaukee, WI 53212 USA

Managing editor: Valerie J. Weber
Art direction, cover and layout design: Tammy West
Spanish translation: Tatiana Acosta and Guillermo Gutiérrez

Printed in the United States of America

1 2 3 4 5 6 7 8 9 10 10 09 08 07 06

Note to Educators and Parents

Reading is such an exciting adventure for young children! They are beginning to integrate their oral language skills with written language. To encourage children along the path to early literacy, books must be colorful, engaging, and interesting; they should invite the young reader to explore both the print and the pictures.

Let's Read about Dinosaurs is a new series designed to help children read about some of their favorite — and most fearsome — animals. In each book, young readers will learn how each dinosaur survived so long ago.

Each book is specially designed to support the young reader in the reading process. The familiar topics are appealing to young children and invite them to read — and re-read — again and again. The full-color photographs and enhanced text further support the student during the reading process.

In addition to serving as wonderful picture books in schools, libraries, homes, and other places where children learn to love reading, these books are specifically intended to be read within an instructional guided reading group. This small group setting allows beginning readers to work with a fluent adult model as they make meaning from the text. After children develop fluency with the text and content, the book can be read independently. Children and adults alike will find these books supportive, engaging, and fun!

— Susan Nations, M.Ed., author, literacy coach,
and consultant in literacy development

Nota para los maestros y los padres

¡Leer es una aventura tan emocionante para los niños pequeños! A esta edad están comenzando a integrar su manejo del lenguaje oral con el lenguaje escrito. Para animar a los niños en el camino de la lectura incipiente, los libros deben ser coloridos, estimulantes e interesantes; deben invitar a los jóvenes lectores a explorar la letra impresa y las ilustraciones.

Conozcamos a los dinosaurios es una nueva colección diseñada para presentar a los niños información sobre algunos de sus animales favoritos — y más temibles. En cada libro, los jóvenes lectores aprenderán cómo sobrevivió hace tanto tiempo un dinosaurio.

Cada libro está especialmente diseñado para ayudar a los jóvenes lectores en el proceso de lectura. Los temas familiares llaman la atención de los niños y los invitan a leer una y otra vez. Las fotografías a todo color y el tamaño de la letra ayudan aún más al estudiante en el proceso de lectura.

Además de servir como maravillosos libros ilustrados en escuelas, bibliotecas, hogares y otros lugares donde los niños aprenden a amar la lectura, estos libros han sido especialmente concebidos para ser leídos en un grupo de lectura guiada. Este contexto permite que los lectores incipientes trabajen con un adulto que domina la lectura mientras van determinando el significado del texto. Una vez que los niños dominan el texto y el contenido, el libro puede ser leído de manera independiente. ¡Estos libros les resultarán útiles, estimulantes y divertidos a niños y a adultos por igual!

— Susan Nations, M.Ed., autora, tutora de alfabetización
y consultora de desarrollo de la lectura

Say hello to Tyrannosaurus rex (tye-ran-uh-SORE-us REX). It is also called T. rex. T. rex was a mighty dinosaur. Part of its name means "king."

Saluda al tiranosaurio rex, también conocido como T. rex. El tiranosaurio rex era un dinosaurio imponente. Parte de su nombre significa "rey".

T. rex was one of the biggest dinosaurs that ate meat. It was as long as a big truck and a little taller than a giraffe. It weighed as much as four cars.

El T. rex era uno de los mayores dinosaurios comedores de carne. Era tan largo como un camión grande y algo más alto que una jirafa. Pesaba tanto como cuatro autos.

T. rex had a huge head. Its powerful **jaws** could snap through bones and meat.

El T. rex tenía una cabeza enorme. Sus poderosas **mandíbulas** eran capaces de triturar huesos y carne.

jaw/
mandíbula

9

Sharp teeth as big as bananas lined its mouth. Some scientists think it used these teeth to kill other dinosaurs.

- - - - - - - - - - - - - - - - -

Su boca estaba llena de dientes afilados del tamaño de bananas. Algunos científicos piensan que usaba estos dientes para matar a otros dinosaurios.

11

Other scientists do not think T. rex hunted other dinosaurs. They think T. rex ate animals that were already dead.

Otros científicos no creen que el T. rex cazara dinosaurios. Opinan que el T. rex comía animales que ya estaban muertos.

13

A T. rex's back legs were big and strong. Its arms were very short. They could not reach T. rex's mouth!

Las patas traseras de un T. rex eran grandes y fuertes. Sus brazos eran muy cortos. ¡No le llegaban a la boca!

arms/brazos

leg/pata

15

T. rex had only two fingers on each hand. A long **claw** grew from each finger.

– – – – – – – – – – – – – –

El T. rex sólo tenía dos dedos en cada mano. En cada dedo crecía una larga **garra**.

claws/garras

finger/
dedo

17

T. rex died long ago. All the
other dinosaurs did too. No one
knows exactly why. Scientists have
different ideas about why all
the dinosaurs died.

_____

Los T. rex murieron hace mucho
tiempo. También desaparecieron
todos los demás dinosaurios.
Nadie sabe con certeza por qué.
Los científicos tienen diferentes
ideas sobre por qué murieron
todos los dinosaurios.

Scientists have found T. rex's bones. Today we can see these bones in museums.

Los científicos han encontrado huesos de T. rex. Hoy podemos ver esos huesos en museos.

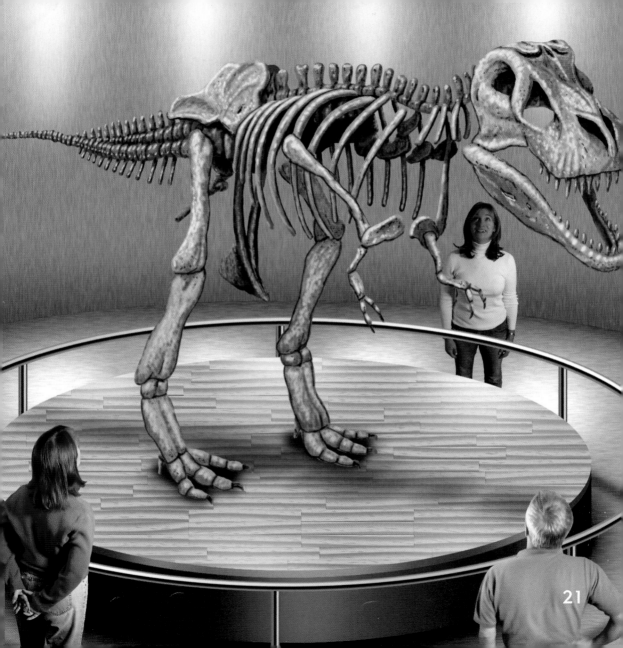

Glossary

museums — places where interesting objects are shown to the public

scientists — people who study nature

Glosario

científicos — personas que estudian la naturaleza

museo — lugar donde se muestran al público objetos interesantes

Books/Libros

A Dinosaur Named Sue/Un Dinosaurio llamado Sue: El hallazgo del siglo. Fay Robinson (Scholastic en español)

"No me asustas." Aventuras jurásicas (serie). John Patience (Silver Dolphin en español)

Soy un gran tiranosauro. Lidia Di Blasi y Núria Roca (Barron's Educational Series)

T. Rex: The Adventures of Tyrannosaurus Rex. Dinosaur World (series). Michael Dahl (Picture Window Books)

Tyrannosaurus Rex. Helen Frost (Pebble Plus)

Tyrannosaurus Rex. Gone Forever (series). Rupert Matthews (Heinemann Library)

Tyrannosaurus Rex: Fierce King of the Dinosaurs. I Like Dinosaurs! (series). Michael Skrepnick (Enslow)

Index/Índice

About the Author/Información sobre la autora

Joanne Mattern has written more than 150 books for children. She has written about weird animals, sports, world cities, dinosaurs, and many other subjects. Joanne also works in her local library. She lives in New York State with her husband, three daughters, and assorted pets. She enjoys animals, music, going to baseball games, reading, and visiting schools to talk about her books.

Joanne Mattern ha escrito más de ciento cincuenta libros para niños. Ha escrito textos sobre animales extraños, deportes, ciudades del mundo, dinosaurios y muchos otros temas. Además, Joanne trabaja en la biblioteca de su comunidad. Vive en el estado de Nueva York con su esposo, sus tres hijas y varias mascotas. A Joanne le gustan los animales, la música, ir al béisbol, leer y hacer visitas a las escuelas para hablar de sus libros.